LE COUVENT

DE REGLA

Paris. — Imp. Simon Raçon et Comp., rue d'Erfurth, 1

LE COUVENT

DE REGLA

PAR

ANTOINE DE LATOUR

PARIS

IMPRIMERIE SIMON RAÇON ET COMPAGNIE

RUE D'ERFURTH, 1

—

1855

LE COUVENT

DE REGLA

Ceux qui ont aboli les couvents en Espagne ont cru accomplir une œuvre patriotique; ils ont plutôt fait une chose toute contraire. Ils ont appauvri le sol, en le dépouillant à jamais, si ce mot est de la langue humaine, d'un de ses fruits naturels; ils ont supprimé une des harmonies de cette terre où la religion est dans tout, se mêlant aux plus frivoles comme aux plus graves habitudes de la vie, et toujours inséparable des plus héroïques souvenirs de l'histoire. Si j'avais l'honneur d'être Espagnol, je déplorerais comme un coup mortel porté à la patrie antique la destruction des couvents. Voyageur désintéressé, ou simplement intéressé comme voyageur, je regrette que l'on ait si profondément altéré une physionomie pleine d'originalité, et que, sous prétexte de donner à l'Espagne une unité plus forte, on n'ait rien épargné pour anéantir celle que le temps y avait fait germer. C'est que, il faut bien avoir le courage d'en convenir, un peuple ne se développe d'une manière féconde qu'à la condition de se développer dans le sens de ses instincts, de son caractère, de ses vieilles coutumes, enfin de tout ce qui, de siècle en siècle, lui a formé, comme à un homme, sa constitution physique et morale.

Les révolutions, avec leur prétention de détruire tout un passé, ne parviennent qu'à mettre aux prises des passions imprudemment excitées. Ce qui souffre le plus de ces luttes, ce qui parfois y périt, c'est le champ de bataille lui-même, c'est la patrie. En Espagne, là où il fallait contenir, réformer, renouveler, des législateurs, prévenus d'idées étrangères, ont arraché, déraciné, détruit. Pour avoir voulu accroître trop subitement la richesse matérielle du pays, ils ont compromis sa richesse intellectuelle et morale, jeté au vent des trésors que l'industrie ne saura jamais remplacer. Le fer, en la touchant, a frappé de stérilité, dans une de ses racines vivantes, la pensée espagnole. En changeant l'aspect du pays, les démolisseurs ont mutilé son histoire elle-même.

Si, en donnant, sans le vouloir, à l'imagination l'instinct de la mélancolie, ils l'ont par là initiée à la poésie des ruines, compensation secondaire, à tout prendre, et dont il n'y a pas d'ailleurs à leur savoir gré, d'autre part, en faisant des ruines avec les monuments encore debout de l'Espagne, ils ont affaibli, éteint peut-être chez elle le sentiment de la tradition nationale.

J'abandonne aux hommes d'État et aux philosophes le soin de traiter dans ses hautes généralités cette question immense des institutions monastiques. Je veux seulement faire voir, par la biographie d'un couvent, combien, en Espagne, les choses de la religion se lient étroitement à celles du pays, et, par le vide que laisse la chute d'un simple cloître, toute la place qu'il occupait dans le cœur, dans les mœurs, dans l'aspect même d'une contrée.

J'aurais pu choisir un de ces monastères où se sont formés les hommes qui ont été l'honneur de l'Espagne, un Louis de Grenade, un Louis de Léon, un Ignace de Loyola, une sainte Thérèse ; j'ai préféré (les circonstances me le donnaient d'ailleurs naturellement) une de ces maisons qui, plus voisines du peuple, ont eu mission de l'instruire et de le consoler, mais dont la destinée, pour être humble comme la sienne, n'en a pas moins reçu sa part des grandeurs du christianisme.

Le couvent de Notre-Dame de Regla, de l'ordre des Augustins, est situé sur l'un des promontoires de la côte qui borde l'Océan, entre la baie de Cadix et la barre du Guadalquivir. C'était le premier point que les marins cherchaient sur la côte en revenant d'Amérique, celui qui, en quittant l'Espagne, avait leur dernier regard. Ils pouvaient bien entrevoir auparavant la tour encore debout de Brevas; mais ce symbole de force et de domination, qui flattait leur orgueil par des images de guerre et par la tradition des Maures vaincus, remuait leur cœur moins profondément que cette pointe de terre consacrée par la religion, et où leur apparaissaient, entre la tristesse des adieux et la joie du retour, les plus doux souvenirs de la famille et du foyer. Le couvent y est encore, mais il a perdu son prestige. Notre-Dame l'a quitté. Elle n'est plus là pour les accompagner du regard sur la mer lointaine. Sa cloche n'est plus la première voix qu'ils entendent au retour, cette voix qui semblait prendre l'accent de toutes les voix aimées pour leur donner la bienvenue. Mais que dis-je? hier encore Notre-Dame de Regla était absente de son sanctuaire; aujourd'hui elle y est revenue. De pieuses mains ont relevé sans bruit les ruines de sa maison. Suivons donc tout ce peuple qui reprend avec tant d'allégresse le sentier abandonné, et, chemin faisant, les uns ou les autres nous raconteront l'histoire du couvent.

A un quart de lieue de Chipiona, village situé lui-même au bord de la mer, à deux lieues de San-Lucar de Barrameda, on aperçoit un amas de bâtiments au milieu d'un océan de sable, entrecoupé de quelque verdure. La route qui mène de San-Lucar à Chipiona court librement à travers des bois de pins, ou s'enfonce dans de

profonds ravins, cachés et comme défendus par des
figuiers de Barbarie. A partir de Chipiona, ce n'est plus
qu'un sentier qui serpente entre des collines de sable,
morcelées en champs de vigne, de melons et de sandias.
Le regard, à l'horizon, court se reposer sous un groupe de
six beaux palmiers qui prêtent à cette espèce de désert
quelque chose de la poésie des solitudes de l'Afrique.
Cette côte ne devait pas être fort différente de cela, à l'é-
poque où y fut transportée, pour y être d'abord cachée,
l'image de Notre-Dame de Regla.

Lorsqu'on arrive par la route de Chipiona, car on
pourrait aussi suivre les bords sinueux de la mer, le premier aspect du couvent est celui d'une citadelle. On
verra, en effet, qu'il ne fut d'abord autre chose. Sur la
porte principale sont encore sculptées les armes des ducs
d'Arcos, qui y faisaient leur demeure. Une couronne de
créneaux dentelle encore le mur de clôture. A gauche,
un mur à demi écroulé ferme d'un côté l'ancienne
huerta des pères, où se dressent les six palmiers. A
l'angle de ce mur tombe, pierre à pierre, le piédestal
d'une croix brisée. Une croix plus grande, écroulée avec
l'autre, s'élevait à quelques pas en deçà de la porte d'entrée. Tout auprès se voit un puits, témoin autrefois de
plus d'un miracle opéré par l'invocation de la Vierge, et
quelquefois par la Vierge en personne. En continuant à
faire le tour de la muraille extérieure, et gravissant le
tertre auquel est adossé le couvent, on trouve, au som-
met, entre quatre murs d'un pied de haut, les racines
encore vivaces d'un figuier. Ce figuier aura sa place

dans l'histoire du couvent. Plus loin on rencontre une petite chapelle construite sur un puits où, durant la domination des Maures, la Vierge demeura ensevelie. Au-dessous, et un peu à gauche, le pied foule les ruines d'un bastion de défense qui s'avançait sur la mer. La muraille de ce bastion allait rejoindre celle de la huerta.

Après avoir ainsi reconnu les alentours de la place, entrons dans le couvent même. On y pénètre par une vaste cour carrée entourée de bâtiments qui furent sans doute les dépendances où les pères recevaient leurs hôtes, pèlerins ou simples voyageurs. A droite, était la porte véritable du couvent; elle donnait accès à une belle cour pavée de marbre et revêtue, sur ses quatre faces, de merveilleux azulejos. Au-dessus, des tableaux d'égale grandeur, encadrés dans le mur et qui le couvraient tout entier, conservaient d'année en année, pour l'édification des fidèles, le souvenir des miracles les plus signalés, obtenus par l'intercession de Marie. C'était, à voir ce qui en reste, d'assez grossières peintures, mais dont le nombre attestait une riche légende et témoignait du moins du crédit dont jouissait dans le ciel Notre-Dame de Regla, aux yeux de ces innocentes populations.

Du patio l'on entre dans l'église. Ah! elle devait être belle à voir, avec ses dalles de marbre, ses innombrables *ex voto* attachés aux murailles, ses quarante lampes d'argent suspendues à la voûte, et dont plusieurs offraient l'image des navires sauvés des écueils, ses tableaux où la foi suppléait à l'art, surtout sa Vierge antique, écla-

tante de lumière, derrière le maître-autel. Ah ! cette
église devait être admirable ainsi, puisque, telle que je
l'ai vue, dépouillée, nue, abandonnée, elle était belle
encore. Elle avait alors, il est vrai, la poésie de la per-
sécution, qui ennoblit l'œuvre de l'homme aussi bien
que l'homme ; mais, considérée en elle-même, elle offre
d'heureuses proportions et n'est pas sans une certaine
analogie avec les églises byzantines. J'ai parlé des dalles
de marbre de l'église. L'origine de ces dalles est curieuse.
On lit, dans un vieux manuscrit du père San Clemente :
« Au mois de novembre 1694, sur la plage voisine de
Regla, la mer soulevée, ayant remué les sables de la
côte, laissa à découvert un certain nombre de tombeaux de
marbre, qui avaient forme de coffre. Chacun d'eux conte-
nait à l'intérieur deux urnes de moyenne grandeur,
l'une remplie de cendres, l'autre vide. Il y avait aussi
des monnaies. J'étais alors malade à San-Lucar, et ne
pus me rendre sur les lieux. Mais les pères augustins
de Regla m'envoyèrent les monnaies avec tous les ren-
seignements, et me demandèrent à quelle époque et à
quelle nation pouvaient appartenir ces tombeaux. Je ré-
répondis que tous étaient romains et d'un temps anté-
rieur à la venue du Christ. Avec le marbre dont ils étaient
faits fut pavée alors l'église de Regla. » Le reste du couvent, bien bâti, bien distribué, bien aéré, n'a d'ailleurs
rien de remarquable. Parmi les cellules, une seule atti-
rait l'attention des pèlerins, et était de leur part l'objet
d'une pieuse visite : c'était, au second étage, à l'un des
angles de l'édifice, et du côté de la petite chapelle, la cel-

lule dans laquelle se reposa quelques jours, durant l'une de ses tournées provinciales, saint Thomas de Ville-neuve.

Notre-Dame de Regla est aujourd'hui une petite statue de moins de trois pieds, dont le visage est noir (*Nigra sum, sed formosa*, dit le cantique) et dont le doux regard a je ne sais quoi d'étrange, et qui ouvre le champ aux conjectures sur sa première origine. J'ai dit aujourd'hui, parce que cette Vierge, taillée avec l'Enfant dans le même tronc d'arbre, était assise autrefois, et que maintenant elle est debout. Je ne sais plus à quelle époque, l'Enfant fut retranché par le fer; un autre fut mis à la place dans une position différente, et le corps de la Vierge, serré dans une cuirasse d'argent destinée à le préserver de la corruption, grâce à la longue robe dont on le revêtit, se prêta à l'attitude qu'on lui voulut donner.

Cette image aurait d'abord, à ce que raconte la tradition, appartenu à saint Paul. Saint Paul, mourant, l'aurait léguée à son disciple Timothée, et de ce dernier elle passa, dit-on, à saint Augustin.

Il était naturel de rechercher dans les épîtres de l'apôtre et dans les ouvrages du Père, comment l'un et l'autre ont parlé de la Vierge. Quelque vive parole jetée en passant pouvait apprendre s'ils avaient pour Marie ce culte passionné qui aurait expliqué la possession de son image. Mais le silence de saint Paul au sujet de la mère de Notre-Seigneur a toujours été remarqué : je savais donc que de ce côté ma recherche serait inutile. J'avais plus d'espoir à l'égard de saint Augustin. A l'époque où il vivait, le christianisme était déjà devenu une croyance assez populaire pour que la légende se fût développée en même temps que les doctrines. Saint Paul devait craindre le goût particulier des images, comme un reste de l'idolâtrie païenne ; mais, du temps de saint Augustin, les imaginations avaient dû prendre déjà certaines habitudes, la piété exaltée se créer certaines pratiques particulières. On pourrait composer, des passages épars de ses ouvrages, toute une histoire de Marie, tout un traité de sa liturgie. Entre bien des pages que j'aimerais à citer, je me bornerai à quelques paragraphes d'un sermon sur l'Assomption. Parlant de Marie, le saint s'écrie : « Mais que dirons-nous pour sa louange, si, quand tous nos membres se convertiraient en langues, nul encore ne pourrait suffire pour la louer? Plus haute, en effet, que le ciel, est celle dont nous parlons; plus profonde que l'abîme est celle dont nous nous efforçons de célébrer les louanges. Le Dieu que nulle créature ne peut contenir, elle l'a tenu enfermé, elle l'a porté dans ses entrailles immaculées. Seule elle a mérité d'être appelée épouse et mère. C'est elle qui a racheté le péché de notre première mère, elle qui a apporté la rédemption à l'homme condamné. Notre mère, à nous, avait donné au monde le châtiment; la mère de Notre-Seigneur a donné le salut au monde. »

Suit un ardent commentaire du Magnificat, où se lit cette belle parole : « O humilité vraiment glorieuse de Marie, qui fait d'elle la porte du paradis, l'échelle du ciel ! Oui, certes, l'humilité de Marie devient l'échelle céleste par où Dieu descend sur la terre, et par où, a-t-il ajouté autre part, celui qui croit méritera de remonter au ciel. »

Il termine en appelant ainsi sur les misères humaines les consolations de Marie et sa toute-puissante intercession :

« Que ta commisération descende sur les affligés, ta compatissante affection sur les exilés du ciel! Dans la joie éternelle où tu nages, nous te prions d'offrir à Dieu nos larmes, et d'intercéder pour nous auprès de lui, comme ton propre Fils. Nous, cette terre nous voit encore affligés, persécutés, assaillis d'outrages, chargés d'opprobres, travaillés de la faim, de la soif, de l'insomnie, plongés dans les fers. Mais toi, dans les royaumes célestes, tu marches devant le chœur des vierges, inaccessible désormais aux séductions de la chair embrasée, et, parmi la blancheur des lis et le parfum des roses, tu les convies à boire aux sources éternelles de la vie. Dans cette bienheureuse patrie des élus, revêtue de la dignité du premier rang, tu foules les plantes couvertes de rosée ; tu vas de ton pied délicat par les doux sentiers, par les prairies dorées du paradis, et de ta chaste main tu cueilles les violettes incorruptibles. Tu chantes sans fin, unie aux chœurs suprêmes ; compagne des anges et des archanges, d'une voix infatigable tu ne cesses de crier : Sanctus ! Ornée de perles et de pierres précieuses, tu pénètres dans le lieu où repose le roi des béatitudes. Un trône royal est placé pour toi par les anges dans la cour du roi éternel, et le roi lui-même, le roi des rois, qui te

chérit entre toutes, t'associe à sa gloire par le baiser de
son amour, comme sa vraie mère et sa gracieuse épouse.
Faut-il s'étonner si le Dieu qui règne dans les cieux
daigne avec toi partager ses joies, quand, tout petit, et
né homme de toi, il fut tant de fois sur la terre couvert
de tes baisers? »

Qui sait si saint Augustin ne trouva point cette page
délicieuse devant la petite image de Notre-Dame de
Regla? Quoi qu'il en soit, il mourut en 430, pendant le
siége d'Hippone, et n'eut pas la douleur de voir saccager
sa chère ville. La maison du grand évêque fut enve-
loppée dans la ruine commune, et les pieuses reliques
qu'il avait amassées furent dispersées par les barbares;
mais deux de ses disciples, Cyprien et un autre, sauvè-
rent, dit-on, la précieuse image ; ils se jetèrent dans une
barque, et, s'abandonnant à la volonté de celle que déjà
l'Église appelait l'Étoile de la mer, ils vinrent aborder
au promontoire de Regla.

Là, parmi les rochers de la côte, vivaient dispersés,
mais unis sous la même règle, de pauvres ermites de
l'ordre de Saint-Augustin ; ils accueillirent avec trans-
port leurs frères fugitifs et l'inestimable trésor qu'ils
apportaient. Ne cherchez dans aucun des livres qui font
autorité la trace antique de ces premiers commence-
ments : la naïve piété de nos pères puisait parfois à d'autres sources. Les faits que je viens de raconter furent
révélés en songe à un saint religieux de l'ordre, dont le
démon lui-même confirma le récit par la bouche d'un
énergumène. Tout ce que je puis dire, c'est que, dès

cette époque reculée, tout se suit et s'enchaîne dans la touchante légende. Pendant deux siècles et demi, le culte de Notre-Dame de Regla se continua, comme il était prouvé par une suite d'inscriptions et de pierres tumulaires dont un historien digne de foi avait lu et recueilli presque toutes les épitaphes. Cet historien était un savant augustin de Bruges, qui, venu en pèlerinage à Regla, et encore tout ému, au retour, des merveilleux récits qu'il avait entendus, les consigna dans un livre écrit en latin et imprimé à Cologne en 1683.

Au commencement du huitième siècle, le midi de l'Espagne tombe au pouvoir des Maures, et don Rodrigue vaincu s'abandonne à toute la vitesse de son cheval pour fuir les bords du Guadaleté ; épuisé de faim et de fatigue, il se laisse enfin tomber au bord de la mer, dans une solitude hantée par quelques ermites. Laissons parler le romancero :

« Il trouve un pâtre menant son troupeau, et, l'abordant : — Dis-moi, bonhomme, je voudrais savoir s'il y a de ce côté quelque village ou quelque cabane où puisse se reposer un instant le plus las des hommes. Le pâtre répondit aussitôt qu'il perdrait son temps à le chercher, parce que, dans tout ce désert, il n'y avait qu'un ermitage où vivait retiré un homme de Dieu. Le roi fut tout joyeux d'apprendre cela, pensant qu'il allait là terminer sa vie. » Qui n'a lu la fin de cette tragique aventure, la rencontre de l'ermite, l'aveu du roi, son repentir, sa fin originale et terrible? On voudrait se persuader que cet ermite était l'un de ceux qui gardaient la Vierge mira-

culeuse : où seraient, dites-moi, les preuves du contraire?

Cependant les Maures, maîtres des bords du Guadalquivir, ne devaient pas s'en tenir à la conquête d'un sté-
rile champ de bataille : ils se répandirent bientôt sur
toutes les côtes voisines. Regla ne fut pas plus épargné
que le reste. Mais heureusement avertis, les ermites eurent encore le temps de dérober la sainte image. On
creusa un puits au pied d'un figuier qui se trouvait dans
le voisinage. Au fond de ce puits on dressa un autel, et
sur cet autel on déposa, dans un coffre de bois incor-
ruptible, avec tout ce qui servait pour dire la messe,
l'image de Notre-Dame; sur ce même autel on laissa
allumée la même lampe qui brûlait dans le sanctuaire.
On roula ensuite une grosse pierre sur l'entrée du puits,
et sur cette pierre on jeta environ cinq pieds de sable.
Ce devoir accompli, les ermites s'en allèrent, contents,
au-devant des barbares.

L'Espagne semblait perdue à jamais. Mais quelques
années s'étaient écoulées à peine que déjà Pélage commençait dans les rochers des Asturies cette grande guerre
qui devait se prolonger pendant des siècles, et dont la
durée fait comprendre le prix qu'attachent les Espagnols
à une nationalité si obstinément et si chèrement reconquise. Cependant le flot de l'invasion commençait à se
retirer sans que le souvenir de Notre-Dame de Regla
se réveillât sur cette côte : il semblait avoir péri sans
retour.

Or, dans le cours du quatorzième siècle, vivait à Léon

un chanoine de l'ordre de Saint-Augustin. honoré pour
sa singulière vertu. Il paraît qu'il y avait du même ordre
des chanoines et des religieux. Une nuit, le nôtre vit en
songe la sainte Vierge lui apparaître. Son visage était
noir, et elle portait le costume sous lequel elle avait été
connue à Regla. — « Lève-toi, dit-elle au chanoine, et
marche du côté du midi jusqu'aux bords de l'Océan. Là
est cachée sous terre, depuis des siècles, une image de
moi, telle que tu me vois maintenant. Je veux qu'elle soit
rétablie dans sa chapelle. Marche ; quand tu seras arrivé,
le reste te sera révélé. »

Le chanoine s'éveille rempli d'une vive émotion. Il se
lève et va demander à son supérieur la permission de se
mettre en route. Sans s'arrêter, il arrive à l'embouchure
du Guadaleté, où se trouve aujourd'hui le port de Sainte-
Marie. Quand il fut là, un pressentiment l'avertit qu'il
approchait du terme de son voyage. Cédant à une sorte
d'impulsion divine, il laisse à gauche le triste champ de
bataille de don Rodrigue, et prend, à droite, le chemin
qu'avait suivi de lui-même le cheval du monarque
vaincu, pour ne s'arrêter qu'aux lieux où le roi avait
dépouillé sa royauté, et revêtu l'habit du pénitent.

Le jour touchait à son déclin ; le chanoine regarda le
soleil se coucher dans la mer, comme il l'avait vu tant
de fois, et, remettant au lendemain à continuer son
voyage, il s'étendit pour dormir sous un large figuier qui
se trouvait là. Pendant son sommeil, il crut entendre
une voix qui disait : « C'est ici le lieu que je me suis
choisi. » Il s'éveille aussitôt, regarde autour de lui et

prête l'oreille, tantôt du côté de la terre, tantôt du côté de l'Océan. La même voix se fait entendre de nouveau. Ravi, épouvanté tout à la fois, il se jette à genoux, et demande à Dieu, à la Vierge, un signe qui lui explique le prodige de cette voix et le sens de ces paroles.

Il achevait à peine sa prière, qu'il voit un globe de feu descendre du ciel et s'arrêter sur les rameaux du figuier, qu'il embrase sans le consumer. Sur ces entrefaites, le jour commence à poindre, et le chanoine appelle à haute voix les bergers, les laboureurs et les pèlerins, pour leur raconter sa vision, son long voyage, et leur montrer le prodige qui venait du ciel même confirmer son récit. Ces gens simples et pieux s'étonnent d'entendre un étranger, un inconnu, leur apprendre, sur la terre où ils sont nés, des choses qu'ils ignoraient cependant. On hésite, on s'interroge, on ne sait que résoudre ; mais tout à coup, saisi d'une inspiration surnaturelle, le chanoine s'empare d'une hache et porte le premier coup au pied du figuier lumineux. Chacun suit son exemple. L'arbre tombe ; on fouille la terre, on sent une résistance, et bientôt, sous le sable, le fer s'émousse contre une énorme pierre : c'était celle qui fermait l'entrée de la mystérieuse citerne. La pierre est enlevée, et alors éclate un autre prodige. La lampe, allumée devant la Vierge, avait continué à brûler durant les siècles, et brillait encore sur l'autel. Descendu le premier dans le puits, pendant que les autres restaient à genoux, avidement penchés sur l'ouverture, le chanoine ouvre le coffre, touche avec respect les ornements sacrés, la croix, le calice de saint Augustin. Il re-

trouve, il reconnaît, il adore avec des torrents de larmes
cette douce image de la Vierge qui lui était apparue dans
sa patrie.

Cependant le bruit se répand de la merveilleuse décou-
verte. Les moindres détails de l'événement volent de
bouche en bouche, et, chaque jour, chaque heure amène
aux pieds de la Vierge retrouvée une foule avide de la
contempler, de lui demander ses premières grâces, de
voir le puits où elle était restée pendant tant de siècles,
de se faire raconter, sur les lieux mêmes, l'histoire
du saint chanoine, et de baiser les mains qui, de si
loin, étaient venues rendre à cette terre sa patronne vé-
nérée.

Le seigneur du lieu était, à cette époque, Pedro Ponce
de Léon, quatrième du nom. Il accourut un des premiers
pour se prosterner devant la Vierge. Maître des châteaux
de Rota et de Chipiona, il en avait un troisième, à trente
pas du puits dans lequel venait d'être miraculeusement
retrouvée Notre-Dame de Regla. Il lui sembla que ce
château ne pouvait plus désormais appartenir qu'à la
Vierge, qu'il ne lui était plus permis de regarder comme
sienne une maison élevée sur une terre dont la Vierge
avait pris possession depuis tant de siècles. Voilà comment le château devint un cloître.

Chargé de la garde du précieux trésor qu'il avait découvert, le chanoine appela près de lui d'autres augustins de Léon. Pendant soixante ans, ils conservèrent
cette mission auguste. Durant ce temps, le culte de Marie
prit dans ces contrées un merveilleux accroissement. De

toute l'Andalousie, que dis-je? de toute l'Espagne, on vint en pèlerinage à Regla. Les offrandes abondaient dans le sanctuaire. Des miracles, revêtus de toute la poésie des imaginations andalouses, ajoutaient chaque jour à la piété des fidèles. Tout cela, cependant, ne put faire oublier aux compagnons du chanoine (lui-même était mort sans doute) les charmes de la patrie absente, et ils retournèrent à Léon. Les ermites de Saint-Augustin reprirent alors possession de la sainte image que leurs prédécesseurs avaient jadis accueillie, les premiers, en Espagne. Cette petite révolution, arrivée dans les dernières années du quatorzième siècle, n'eut-elle pour cause que celle qu'on en donne? Il est vraisemblable qu'elle en eut d'autres; mais, puisque la tradition les a laissées obscures, pourquoi les rechercher? Que gagnerait-on à savoir une fois de plus que, sur un écueil, aux pieds et sous le regard de la reine des anges, il y a place encore pour les passions humaines?

De ce retour des ermites de Saint-Augustin date l'ère la plus brillante du culte de Notre-Dame de Regla. Ce fut alors que les ducs d'Arcos agrandirent le couvent et l'église. Ce fut l'époque de ces miracles sans nombre reproduits sur ces toiles qui, hier encore, pendaient en lambeaux aux parois du patio. Il n'y a pas là de ces merveilles de l'architecture gothique ou arabe, qui font de l'Espagne le rêve des artistes. La beauté de cette maison réside tout entière dans le charme pittoresque de sa situation au bord de la mer, dans le souvenir des bienfaits qu'elle répandait sur la contrée, dans le prestige que la

2.

foi des populations prêtait à la Vierge dont on y honorait l'image.

Je veux raconter quelques-uns de ces miracles. Ce qui m'en plaît davantage, c'est leur caractère évangélique et moral ; c'est aussi leur couleur profondément espagnole, et même andalouse. Ce sont de petits drames qui ont pour scène tous les lieux voisins, San-Lucar, Chipiona, Rota, le port Sainte-Marie, Cadix. Le pâtre, le laboureur, le marin de la côte, le moine, le pèlerin, en sont les principaux personnages ; mais le Maure y joue aussi son rôle, comme partout en Espagne. La religion et la poésie mêlée de vraisemblance, voilà ce qui fait le charme de ces miracles.

Il y avait, au port Sainte-Marie, une femme d'une beauté rare, d'une vertu singulière, et particulièrement dévote à la mère du Sauveur. Rien pourtant ne la put sauver de la jalousie de son mari ; et celui-ci, cédant à sa passion funeste, résolut de se défaire de celle qui l'inspirait. Un soir que la sérénité du ciel invitait à la promenade, d'accord avec un frère aussi méchant que lui, il engage sa femme à l'accompagner au bord de la mer. Une barque les attendait, ils y montent. On se laisse aller, un instant, au courant de l'eau. Peu à peu, cependant, le bateau s'éloigne du bord. La femme s'effraye, on la rassure. Mais des marins qui, de la côte, voient la barque prendre le large, crient aux promeneurs de résister au courant et de revenir. On se rit de leurs avertissements. Bientôt il est trop tard pour songer à virer de bord. Le courant s'est emparé de la frêle embar-

cation et l'emporte. Elle passe comme une flèche en vue
de Rota, et déjà l'on aperçoit la haute croix du couvent
de Regla. Les deux hommes étaient devenus silencieux
et sombres, et, de plus en plus épouvantée, la pauvre
femme commençait à regarder avec un pressentiment
inquiet le visage sinistre de son mari. Celui-ci tout à
coup tire un poignard, et, sortant de son farouche silence, reproche à sa femme son crime imaginaire et lui
déclare qu'elle va mourir. Vainement celle-ci proteste de
son innocence, et prend à témoin la Vierge immaculée
dont la chapelle se voit à l'horizon. Le mari accueille le
nom de la Vierge par un blasphème, et se précipite sur sa
victime, qui, percée de six coups, expire en jetant un
dernier regard sur ce couvent dont elle a inutilement in-
voqué la bienfaisante protectrice. Leur crime achevé, les
deux meurtriers jettent le cadavre à l'abîme, abordent
un point inhabité de la côte, et submergeant leur barque, qu'ils repoussent vers la haute mer, ils reprennent
par terre le chemin du port de Sainte-Marie. Là ils ra-
content avec toutes les apparences de la plus sincère
douleur que leur barque a chaviré, et qu'ils n'ont pu sauver leur malheureuse compagne. L'état de la mer et
le témoignage des marins qui, de la côte, avaient vu
s'éloigner la barque, confirmaient le mensonger récit.

Cependant le regard suppliant jeté par la victime,
avant de mourir, sur le promontoire de Regla, n'avait
pas été perdu. Il y avait quatre jours que son corps gi-
sait au fond de la mer, quand des pêcheurs le ramenè-
rent dans leurs filets. On l'apporte sur la plage, on le

monte au couvent, il est déposé devant l'image même de la Vierge. Tout à coup les couleurs de la vie semblent se ranimer sur ce corps déjà livide; les yeux s'ouvrent, les lèvres parlent, et il s'en exhale un cantique d'actions de grâces. La miraculeuse ressuscitée reprend le chemin de sa maison, où, nouvelle Zénobie, elle pardonne à cet autre Rhadamiste.

Les miracles ont parfois un air tout héroïque. En 1340, la veille du jour de l'Assomption, qui était alors la principale fête du couvent, un pirate fameux résolut de s'en emparer. Pendant une nuit très-sombre, il prend sept galères et s'approche sans bruit de la côte. Quelques vieillards voulurent en vain lui représenter que ce lieu était défendu par une garde invisible; il s'obstine dans son dessein, encouragé d'ailleurs par le silence, l'obscurité et la solitude qui protégeaient sa marche, car tout le peuple était déjà réuni dans l'église ou à la porte du couvent, suivant la coutume de l'Andalousie, où toute fête religieuse commence par une veillée populaire. Le pirate laisse donc quelques-uns de ses compagnons à la garde de ses bateaux, et à la tête de tout le reste, environ huit cents hommes, il se dirige vers le couvent. Mais quand il chercha quelque porte pour essayer de la forcer, il ne put en découvrir aucune. La Vierge les cachait toutes aux barbares. Ils dressèrent alors leurs échelles contre la muraille; mais, arrivés au faîte, ils y trouvèrent encore la Vierge, qui, de sa propre main, précipita les assiégeants. Pendant ce temps-là, les voûtes de l'église continuaient à retentir du bruit des cantiques. Le peuple chantait, également ignorant de l'attaque et de la défense. Les pirates, frappés de terreur, s'enfuirent en désordre à leurs galères, et regagnèrent la haute mer en toute hâte Au lever du jour, le peuple, accouru sur le rivage, regardait avec étonnement ces barques s'éloigner avec tous les signes de l'épouvante. Mais il était resté un témoin du prodige de la nuit. Une voix lamentable appelait au secours. Elle sortait du puits que j'ai signalé devant l'entrée principale du couvent. On y regarde, et on aperçoit un Maure qui s'y noyait. On le retire, et, de sa bouche, on apprend comment la Vierge a défendu son peuple pendant que celui-ci était occupé à chanter ses louanges. Cette apparition merveilleuse redouble la ferveur des fidèles, et le Maure, touché comme les autres, s'agenouille, dans l'église, devant celle dont le regard lui avait paru si terrible sur la muraille. Il se fit baptiser sous le nom de Jean de Regla, et put encore raconter le prodige à plus d'une génération.

Chaque siècle eut son miracle de prédilection. On vient de lire celui du quatorzième siècle. Entre ceux du quinzième, voici celui qu'on se plaisait à redire.

Douze chrétiens gémissaient dans les prisons de Grenade. Jetés ensemble au fond d'un cachot infect, ils s'entretenaient habituellement de leur sort, et, de jour en jour, ils perdaient l'espoir de le voir changer. Il y en avait parmi eux de toutes les provinces de l'Espagne, et dans le nombre un habitant de Rota. Une nuit, ce dernier, parlant aux autres de sa douce Andalousie, en vint à leur dire les miracles de Notre-Dame de Regla. Prisonnier des Maures, il n'avait garde d'oublier cette nuit fameuse où la Vierge seule avait précipité du toit de son couvent une armée d'infidèles. A ce récit, tous les captifs émus se jettent à genoux et invoquent le nom de Notre-Dame de Regla. Le sommeil les surprend parmi ces larmes et ces prières. C'était déjà un premier bienfait de la Vierge. L'habitant de Rota était seul resté agenouillé et priant. Tant et de si doux souvenirs n'avaient pas permis à ses yeux de se fermer. Tout à coup le cachot s'inonde de lumière ; Notre-Dame de Regla apparaît à son serviteur, tenant une clef dans la main : c'était celle de la prison. Le captif la reçoit en tremblant, puis il réveille ses compagnons. Ceux-ci refusent d'ajouter foi au récit qu'il leur fait de la sainte apparition ; mais cette clef, comment ne pas y croire ? Ils sortent de ce lieu infâme, et, jetant un regard de malédiction sur cet Alhambra où la Vierge devait un jour avoir son église, ils vont ensemble à Regla remercier celle qui les a délivrés. La clef resta dans le trésor, en mémoire de cette miraculeuse délivrance. Je l'ai touchée de mes mains. C'est une énorme clef de fer, d'environ un pied de long, et dont la façon grossière ne dément en rien le récit qu'on a lu : on la portait dans les processions.

En 1582, une mère avait amené son enfant au sanctuaire de Regla. Vêtu de l'habit de Saint-Augustin, l'enfant jouait sur le bord d'un puits, le même, sans doute, d'où l'on avait tiré le Maure. Il se laissa tomber dans l'eau, qui, par malheur, était profonde en cette saison. La mère, éperdue, appelle au secours, et, dans son dés-

espoir, elle invoque surtout la Vierge. **On accourt**, on
s'empresse autour du puits ; mais, au moment où on allait y jeter la corde, on voit l'eau s'élever et déposer
mollement sur le bord l'enfant qui souriait. Il raconte
qu'une petite dame noire l'a soutenu sur l'eau, et il
cherche encore des yeux le bel enfant blanc qu'elle portait sur ses genoux, et avec lequel il a joué.

Ce gracieux miracle prouve une chose, c'est que, dès
le dix-septième siècle, époque à laquelle écrivait l'historien flamand de Regla, il y avait longtemps déjà qu'existait cette étrange anomalie de couleur entre la Vierge et
l'enfant Jésus que l'on remarque aujourd'hui dans le
groupe de Regla.

A quelque temps de là, à Cadix, cette même dame
noire, penchée au bord d'un autre puits, tendait le bout
de son rosaire à un enfant qui se noyait, et, suspendu
aux grains rouges, le ramenait sain et sauf dans les bras
de sa mère.

Un habitant du Pérou, parti riche de la Havane, ne
possédait plus rien en débarquant à San-Lucar. Le jeu
l'avait dépouillé de tous ses biens. Il va confier sa dé-
tresse à Notre-Dame de Regla. Mais dans son désespoir il
entrait encore trop de regret des biens périssables pour
que la Vierge y prît garde, et notre homme s'en retourna
inconsolé. Sur son chemin, il cherchait un arbre pour se
pendre. Les pins ne manquent pas sur cette côte ; mais
la Vierge, dont la pitié suivait ce malheureux à son insu,
ne permit pas qu'il en trouvât un à son gré. Il arriva aux
environs de Lebrija, devant un puits, sur le bord duquel

était assis un petit vieillard. C'était le diable, qui, l'arrêtant avec un sourire ironique, lui conseilla d'en finir en se jetant dans ce puits et se leva pour lui livrer passage. Notre homme, reconnaissant l'ennemi du genre humain, se ravisa, au contraire, et lui ordonna de se retirer. Le diable alors cessa de rire, et voulut, de vive force, le précipiter lui-même. Mais le Péruvien se ressouvint de nouveau de Notre-Dame de Regla, qui lui fut cette fois plus ouvertement favorable. « Ah! que bien tu te recommandes! » s'écria le diable, et il lâcha prise. Les paysans, accourus au bruit de la lutte, ne retrouvèrent plus que le Péruvien; et, comme c'étaient de bonnes gens qui allaient à Regla acquitter un vœu, il se joignit à eux, et, chemin faisant, leur raconta son aventure. Ce miracle avait lieu au commencement du dix-septième siècle.

Un illustre personnage vint frapper une nuit à la porte du couvent. Sauvé par la Vierge de je ne sais quel grand péril, il avait fait le vœu de passer neuf nuits en prières devant l'image miraculeuse. Le nom qu'il se donnait, la richesse de son costume, la gravité de son maintien, l'austérité même du vœu qu'il venait accomplir, il n'en fallait pas tant pour surprendre la confiance des bons pères. On ouvre donc au pèlerin, et le voilà introduit dans l'église. Or c'était un larron habile, qui n'avait fait d'autre vœu que celui de dérober, à l'aide d'un déguisement, les lampes d'argent du sanctuaire. Mais, au moment où il allait y porter la main, il aperçut dans l'ombre, à genoux devant la grille du chœur, un moine

qui tenait un cierge à la main. Toute la nuit, il attendit
que cet incommode témoin se retirât; mais le jour vint,
que le moine priait encore, et le voleur se vit forcé de
remettre au lendemain l'exécution de sa criminelle entreprise. Or le lendemain et toutes les nuits suivantes,
il retrouva le moine immobile à sa place. Vainement
demanda-t-il quel était ce veilleur de nuit si exact : personne ne put le lui dire, et aucune cellule n'était demeu-
rée vide. Quel était donc ce mystérieux gardien? Éclairé
par sa conscience, le voleur comprit qu'il n'était autre
que la Vierge elle-même, et s'enfuit épouvanté. Il ne fut
pas longtemps sans reprendre sa coupable vie, et au moment d'être étranglé, — ce moment arrive toujours pour
les voleurs, — il confessa hautement le crime qu'il n'a-
vait pu achever.

En 1629, vivait à San-Lucar de Barrameda une pauvre
femme infirme, et qui déjà ne pouvait ni se lever ni se
mouvoir. Ayant une nuit appelé la sainte Vierge à son
aide, elle la vit descendre du ciel dans son humble demeure, sous le costume et sous les traits connus de Notre-
Dame de Regla. Moins surprise que charmée, la vieille
malade, avec cette familiarité des âmes naïvement
pieuses, l'invita à s'approcher de son lit de misère. La
mère du Sauveur obéit en souriant, et, trouvant une
tuile dans le foyer éteint, elle la porte, pour s'asseoir, à
côté du chevet. Une fois assise, elle touche la mourante,
et lui commande de se lever. Celle-ci se lève sans effort,
descend du lit, baise dévotement la main divine qui l'a
guérie, et prend, en emportant la tuile, le chemin du

monastère. Tout en allant, elle demandait l'aumône, pour pouvoir faire dire, en l'honneur de Marie, une messe d'actions de grâces. Elle recueillit ainsi quatorze *cuartos*[1]. Mais quand elle fut entrée dans la sacristie du couvent, et qu'elle voulut verser son petit trésor dans les mains de l'un des pères, il se trouva que la monnaie de cuivre s'était convertie en argent. Je me trompe, le miracle allait s'accomplissant, et la métamorphose n'était encore qu'à demi faite. Parmi les pièces, les unes avaient une moitié de cuivre, les autres un tiers, d'autres un quart, comme si la Vierge eût voulu y laisser la marque visible de sa main. La tuile et les pièces de monnaie devinrent l'objet de la vénération des fidèles. Une partie fut donnée aux bienfaiteurs du couvent, et entre autres au duc de Medina Sidonia. On conserve encore aujourd'hui un morceau de la tuile, précieusement enveloppé de bandelettes d'argent.

C'est ainsi que les miracles de Notre-Dame de Regla affectent toutes les formes de la légende, tous les contrastes de la poésie. Je laisse de côté les morts rappelés à la vie, les malades guéris, les plaies fermées par l'huile des lampes sacrées, les captifs ramenés dans leurs foyers, les bateaux sauvés des rochers ou des flots, les naufragés qu'une lame dépose endormis sur la côte, les incendies éteints, les fléaux écartés, les possédés apaisés et délivrés de l'hôte impur qui les obsède, pour ne signaler, et en courant, que les prodiges qui sortent de l'habitude. Tan-

---

[1] Le *cuarto* vaut environ 5 centimes de notre monnaie.

tôt c'est un enfant que son méchant camarade a précipité
du haut d'une des tours des ducs d'Arcos, et que ses
parents retrouvent cueillant paisiblement des fleurs sur
les bords du Guadaleté ; tantôt c'est un esclave qui, une
nuit, chez les Maures, invoque notre Vierge, et qui, le lendemain, s'éveille, avec son geôlier bien étonné, à la porte
même du couvent. Une fois, c'est un navire enseveli
depuis quatre heures sous les flots, que la Vierge en retire avec toutes ses marchandises, pour le rendre à ses
propriétaires désolés ; une autre fois, c'est une pauvre
paralytique de Rota, qui, après dix-huit ans de souf-
frances, envoie ses filles implorer pour elle Notre-Dame
de Regla, et à qui, elles à peines parties, une blanche
colombe vient dire qu'elle se lève et les rejoigne ; toute
la ville, guidée le long de la mer par la colombe, ser-
vante de Marie, avait grand'peine à suivre le pas de la
malade.

Le miracle parfois, si on osait le dire, n'est pas loin
de ressembler à une sorte d'innocente espièglerie ; la
Vierge châtie avec malice la malice des hommes. Des
marchands de Séville avaient fait un vœu en repassant
la barre du Guadalquivir ; mais, à peine entrés dans le
fleuve, ils oublient leur vœu : toute la nuit, leur bateau
chemine, et le matin, quand ils cherchent la Giralda à
l'horizon, ils se retrouvent en vue du sanctuaire de Regla.

Un navire anglais, revenant de Cadix, lui lance en
passant une bordée de boulets : la Vierge, dans sa petite
main, reçoit un de ces boulets, et le renvoie avec l'incen-
die sur le vaisseau d'où il est parti.

Une felouque barbaresque entre dans le Guadalquivir, pousse jusqu'aux salines de Bonanza, enlève trois hommes sur la côte, et, favorisée des vents, de la nuit et de la marée, emporte sa proie de l'autre côté de la barre; mais la mère du plus jeune des trois hommes court à Regla invoquer la Vierge, secours plus assuré que celui de deux navires lancés à la poursuite des pirates. Ceux-ci croyaient déjà reconnaître les côtes d'Afrique, quand tout à coup le vent tourne, et, en dépit du gouvernail et des rames, ramène les ravisseurs à la hauteur des salines de Bonanza, où les rôles changent : le navire et ses maîtres deviennent, à leur tour, la proie des captifs.

La mer, on le voit, joue toujours un grand rôle dans ces miracles, qui forment comme les annales du couvent de Regla.

Le dernier que raconte notre augustin de Bruges n'est pas le moins remarquable. Comme lui, nous finirons par celui-là.

Vers la fin du seizième siècle, d'autres pirates barbaresques conçurent le projet d'enlever, non plus, comme des larrons, quelques pâtres attardés sur les berges du Guadalquivir, mais, comme des conquérants, le cloître lui-même, où ils avaient un ennemi plus redoutable que tous les chrétiens de ces côtes, et qu'ils savaient d'ailleurs plein de richesses. Le chef de cette nouvelle invasion était un renégat fameux, Muley-Arroës, assez puissant sur l'une et l'autre mer pour pouvoir, sur l'une et sur l'autre, réunir une flottille. Un de ses lieutenants, jeté la nuit à dessein sur la plage, se charge d'aller en secret recon-

naître la place : déguisé en pèlerin, il se fera aisément
ouvrir les portes; il verra tout, examinera les moyens de
défense, se rendra compte de toutes les issues; enfin, à
l'aide de signes convenus, il avertira ses compagnons de
l'heure favorable à la descente et à l'attaque; puis, se
joignant à eux sur le rivage, il les mènera là par où il im-
porte de commencer. Tout alla bien d'abord. Au jour
naissant, le faux pèlerin se présente à la porte et entre
avec la foule des fidèles; mais à peine a-t-il jeté les
yeux sur la sainte image, qu'il se met à trembler de tous
ses membres. Un si grand trouble étonne les moines, on
l'interroge, on le presse; il demande grâce, et promet,
en retour de sa vie, de livrer un grand secret. On se hâte
de le rassurer, et il raconte alors toute l'entreprise.
Quelques galères aperçues à l'horizon viennent en preuve
de son récit. Aussitôt avertis, les ducs d'Arcos et de Medina Sidonia rassemblent trois ou quatre mille hommes,
qu'ils cachent derrière les rochers de la côte : un tiers
surprendra l'ennemi dans sa marche sur le couvent; un
second tiers lui coupera la retraite, s'il veut revenir sur
ses pas; le reste se jettera sur les bateaux pour lui enlever tout espoir d'échapper. La nuit venue, on voit les
galères s'approcher peu à peu du bord; on conduit alors
l'espion sur le rocher d'où devait partir le signal; l'in-
fidèle frappe deux cailloux l'un contre l'autre, et allume
une poignée de feuilles sèches. A la flamme qui jaillit,
une autre répond du milieu des galères, qui, d'un com-
mun accord, font force de rames pour aborder; mais, au
même moment, un vent s'élève, qui les repousse du ri-

vage et les disperse. La nuit se passa en vains efforts pour
se rallier. Le jour, qui naît sur ces entrefaites, montre à
l'armée la flottille, et à la flottille l'armée; ce fut de part
et d'autre un cruel désappointement. Le renégat furieux
fait lancer un boulet, qui abat un des créneaux, et passe,
sans les toucher, entre un homme et une femme occupés
à remplir une outre; puis il reprend avec précipitation
la haute mer. Il ne put cependant le faire si vite que, du
haut de la plate-forme, quelques boulets, mieux dirigés,
n'atteignissent le flanc des galères; le premier, dit la
tradition, était parti de la main même de la Vierge.

Il ne paraît pas que le couvent ait été depuis attaqué à
force ouverte. Mais deux fois encore, dans le courant du
dix-septième siècle, il put se croire sérieusement menacé.
En 1642, le bruit courut qu'une flotte turque de vingt-
quatre galères, cachée dans la rivière de Tétuan, n'attendait qu'un vent favorable pour passer la mer et venir
dévaster Regla. Les moines, épouvantés, emportèrent la
Vierge dans un monastère d'augustins, qui existait à San-
Lucar. La nouvelle s'étant trouvée fausse, l'auguste fugi-
tive reprit, avec ses serviteurs, le chemin de sa chère demeure.

Quatorze ans plus tard, en 1656, une flotte anglaise
parut en vue du couvent. Des hérétiques ou des infidèles,
c'était tout un pour les pauvres moines. La Vierge fut de
nouveau ramenée à San-Lucar; mais cette flotte ayant
remporté avec elle l'alarme qu'elle avait excitée, tout le
peuple de la contrée reconduisit, en grande pompe, la
Vierge à son sanctuaire.

Dès le commencement du siècle dernier, les armes, trouvées inutiles, furent dispersées, et les religieux, qui, durant tant d'années, avaient été quelque chose d'assez semblable aux chevaliers du Temple ou de Saint-Jean, redevinrent de simples moines.

Depuis cette époque, la vie du couvent fut toute pacifique et bienfaisante. Il y avait alors trente moines, religieux observateurs de la règle. Avec les bienfaits s'accrurent la vénération des fidèles et le trésor de ses pieuses richesses. Chaque année, au 8 septembre, toutes les populations des environs y venaient, en pèlerinage, célébrer la nativité de la sainte Vierge. En échange d'une humble offrande, chacun remportait des consolations pour le passé, de l'espérance pour l'avenir.

Mais la divine madone avait trop tôt jeté ses armes, se croyant assurée contre tout ennemi. Il lui en vint un que son doux regard ne put désarmer : la révolution. La mesure violente qui, en 1835, fit des ruines des plus beaux monuments de l'Espagne, n'épargna point le modeste sanctuaire de Regla. Ses dépouilles furent pillées ou vendues. Cette fois, seulement, on n'eut pas besoin de cacher dans une citerne la miraculeuse image; elle reçut l'hospitalité dans l'église voisine de Chipiona.

Au mois de juillet 1851, deux Infants d'Espagne qui prenaient les bains de mer à San-Lucar de Barrameda, ayant dirigé leur promenade du côté de Chipiona, entrèrent dans l'église, et, remarquant avec surprise la noire statue de la Vierge, se firent raconter son histoire. La pathétique légende leur inspira l'idée de visiter ce qui pouvait rester encore du couvent lui-même; mais ils eurent quelque peine à retrouver, à travers les sables hérissés d'aloès et de figuiers de Barbarie, le sentier que, pendant des siècles, avaient frayé les pieds nus des fidèles. A la vue de ces pauvres ruines, contre lesquelles la mer se brisait tristement, leur âme fut saisie d'une religieuse pitié. Le dernier moine du couvent, qui avait suivi à Chipiona la Vierge bannie de Regla, pour qu'elle eût du moins, dans l'exil, un serviteur de sa maison, regardait cette scène, et, comme la sœur de Moïse, semblait attendre à l'écart ce qui allait résulter de cette rencontre imprévue. Le cœur plein de tous les miracles de la Vierge, il se disait sans doute que c'était elle qui, de si loin, avait amené sur ces ruines ces hôtes augustes, et quand ils demandèrent ce que c'était que ce puits, cette chapelle isolée, cette racine de figuier entourée d'un reste de muraille, il se trouva là pour le dire.

La loi ne permettait pas de rétablir l'ordre aboli de Saint-Augustin ; mais défendait-elle de réparer les murailles d'une église abandonnée pour y replacer une image de la sainte Vierge, sous la garde de quelques pauvres prêtres qui dresseraient, à l'abri de ces ruines, la tente de leurs vieux jours et de leurs souvenirs? Les Infants ne le pensèrent pas. Aussitôt, par leurs soins, une liste de souscription courut sur toute la côte et dans les villes voisines, et, dès l'année suivante, au mois de septembre, la cloche du monastère, retrouvée sous les flots, annonçait joyeusement à toute la contrée que Notre-Dame de Regla allait reprendre possession de son sanctuaire. La fille de Ferdinand VII semblait avoir emprunté à la Vierge le don des miracles pour changer, elle aussi, en pièces d'or le denier de la veuve et du matelot.

Ce fut un beau jour que le 8 septembre 1852. Dès la veille, par tous les sentiers, on accourait à Regla. Des villages entiers se mettaient en marche; hommes et femmes, vieillards et enfants, tous les malades qui pouvaient marcher ou se faire porter, chacun venait là chercher le remède à ses maux. Précieuse confiance qui, à défaut de la guérison, trompe du moins la douleur. C'était à qui aurait, le premier, la gloire de souhaiter la bienvenue à celle qui rentrait dans son domaine. Enfin, au coucher du soleil, entre Chipiona et Regla, on vit comme un long serpent de feu se dérouler dans les sables : c'était la Vierge qui s'avançait, précédée de tout un peuple armé de cierges. Ce fut un moment unique que celui où, en arrivant devant la porte du monastère, elle trouva pour l'y recevoir deux enfants de saint Louis ayant à leurs côtés un cardinal et deux évêques : car une heureuse coïncidence y avait amené, avec l'archevêque de Séville, l'évêque de Guadix et celui de Cordoue. Moins de joie, moins de larmes, accueillirent l'arche sainte, après les années de la captivité, aux portes de Jérusalem reconquise; moins de regards avides cherchaient alors à pénétrer dans l'ombre du saint tabernacle, qu'il y en eut, ce jour-là, pour interroger la Vierge et chercher dans ses yeux la joie inespérée du retour. La mer elle-même, calme et souriante, semblait tenir tous ses flots attentifs en reconnaissant l'étoile des navigateurs, et du murmure

de la vague expirant sur la grève sortait le même soupir
qui s'exhalait de tous les cœurs. Le soir, les maisons,
que dis-je? les rues de Chipiona ne pouvaient suffire au
nombre des pèlerins. Mais quelques-uns, plus dévots à
la Vierge, passèrent la nuit, campés, autour des murailles
du couvent. On se tromperait pourtant si on allait croire
que cette nuit s'écoula en prières; on la passa à manger,
à boire, à chanter, à danser au son de la guitare : chaque
pays prie et loue Dieu à sa manière.

Le lendemain, dès le matin, tous les sentiers des environs se couvrirent de nouveau de la foule de la veille,
grossie de tous ceux qui étaient arrivés durant la nuit.
Toute cette journée du 8 fut remplie par les offices religieux, une messe en musique, un sermon prononcé par
un ancien novice de l'ordre et du couvent même, dont
la parole arrachait des larmes et des cris à cette multi-
tude entassée. Pendant tout le jour, un pèlerinage inin-
terrompu, et, le soir, le salut, suivi de la procession au
bord de la mer. Je ne m'arrêterai que sur cette dernière
cérémonie : on se représente aisément les autres.

Un peu avant le coucher du soleil, la Vierge sortit de
l'église précédée des deux princes, suivie des trois évêques, portée par des pêcheurs vigoureux, et qui avaient
payé, par une aumône au couvent, le droit d'être chargés
de ce précieux fardeau. La sainte image s'avançait solen-
nellement entre deux haies profondes de fidèles, qui, les
uns à genoux dans le sable, les autres debout sur des
voitures, sur des chevaux, sur des mules, sur des ânes,
tous groupés de la façon la plus pittoresque, la suivaient

des yeux avec passion. De cette foule énergique, et plus
ardente que recueillie, s'échappaient, à tout instant, des
exclamations naïves comme celle-ci : Vive cette gracieuse
petite brune, Notre-Dame de Regla! Vivent les Infants
d'Espagne, qui ont eu pitié de cette pauvre dame affligée!

Le cortége s'arrêta à chacun des lieux consacrés, au
puits du Maure, à la chapelle, au figuier. Au moment où
le soleil, descendant sur les flots, les embrasa de sa lumière, on arriva sur une petite plate-forme qui domine
la mer; là, la Vierge s'arrêta, le visage tourné vers
l'Océan, et les prêtres, suivis de tout le peuple, entonnè-
rent d'une voix émue l'*Ave, maris stella*. Le cardinal
étendit alors la main sur la mer pour la bénir; puis
l'image fut successivement tournée à droite et à gauche,
et l'évêque de Cordoue d'abord, ensuite celui de Guadix,
recommencèrent à leur tour la bénédiction solennelle.
Quelques barques de pêcheurs, rassemblées sous l'écueil,
recevaient, comme une assurance contre les périls du
lendemain, car déjà le vent s'élevait, cette bénédiction
des flots. J'ai rarement vu un aussi sublime spectacle.
Cette mer immense, calme encore en apparence, mais
déjà à demi frémissante, et qui semblait n'attendre, pour
s'emporter, que le départ de celle dont le doux regard
la retenait enchaînée à ses pieds; ces deux jeunes princes
amenés là par une autre tempête; cette image contempo-
raine des plus beaux âges de la foi chrétienne, et qui as-
sociait si vivement à cette cérémonie auguste le souvenir
de saint Augustin et même celui de saint Paul; ces trois
nobles vieillards, qui faisaient éclater toutes les magnifi-

cences de la liturgie catholique au milieu d'un peuple de pauvres marins ; ce peuple lui-même à genoux, dans toute la variété de ses costumes ; cette scène enfin éclairée, dorée, idéalisée par les pompes du soleil couchant : voilà, hélas ! ce que nous avons remplacé, nous autres, par des assurances maritimes ; le marchand a trouvé pour préserver ses richesses d'ingénieuses combinaisons ; le pêcheur se croyait plus fort contre le flot irrité avec le seul nom de Marie.

Le dernier rayon du soleil venait mourir sur le seuil de l'église au moment où la procession y rentrait à la clarté de mille bougies.

Les imaginations populaires ajouteront bientôt quelques pages nouvelles à la légende de Notre-Dame de Regla. Elles ont déjà commencé : le jour même de cette restauration, l'on racontait dans la foule que le fils du roi Louis-Philippe ne faisait, dans cette circonstance, qu'obéir à un ordre de la Vierge ; que pendant une campagne en Afrique, au pied du mont Atlas, Notre-Dame de Regla lui était apparue et lui avait commandé, comme au chanoine de Léon, d'aller relever son sanctuaire. Ah ! ce peuple espagnol est toujours le même. et je l'en admire. Voyez comme son imagination va chercher l'Afrique et les Maures pour les mêler à tout ce qui l'émeut !

FIN.